Les cinq parties du Monde

ALPHABET
des petits voyageurs.
DANS LES CINQ PARTIES DU MONDE

Dédié

Aux Enfans des deux Sexes

Avec vingt-six Gravures

Prise de Possession des Iles Marquises par les Français

PARIS

J.ⁿ MORONVAL, Imprimeur-Libraire-Éditeur.

Rue Galande près la Rue St. Jacques

1843

ALPHABET
DES
PETITS VOYAGEURS

dans les cinq parties du Monde,

CONTENANT

les Costumes suivans : **Arabes**, **Brésiliens**, **Chinois**, **Dalmates**, **Egyptiens**, **Finlandais**, **Groënlandais**, **Hottentots**, **Indous** et **Islandais**, **Javanais**, **Kamtschadales**, **Lapons**, **Mexicains**, **Nubiens**, **Otaïtiens**, **Patagons**, **Quito**, **Russes**, **Samoyèdes**, **Turcs**, **Usbeks**, **Vénitiens**, **Xarayes**, **Yolofs** et **Nouveau-Zélandais**.

PAR E^d **HOCQUART**, Homme de Lettres.

PRÉCÉDÉ

de Modèles d'Alphabets en caractères ordinaires, en Ronde, en Anglaise, et de Phrases à épeler et à lire, en gros caractère ;

TERMINÉ PAR UNE TABLE DE MULTIPLICATION.

Ouvrage orné de 26 jolies figures en taille-douce.

PARIS.

Jⁿ MORONVAL, IMPRIM.-LIBRAIRE-EDITEUR, rue Galande, 65, près la rue Saint-Jacques.

1843.

A	B	C
D	E	F
G	H I J	
K	L	M

a	b	c
d	e	f
g	h	i j
k	l	m

N O P

Q R S

T U V

X Y Z

n	o	p
q	r	s
t	u	v
x	y	z

MAJUSCULES ITALIQUES.

A B C D E F
G H I J K L
M N O P Q R
S T U V X Y
Z Æ OE W Ç

MINUSCULES ITALIQUES.

a b c d e f g h
i j k l m n o p
q r s t u v x
y z æ œ w ç

LETTRES ANGLAISES MAJUSCULES.

A B C D E F G
H I J K L M N
O P Q R S T U
V X Y Z W

Minuscules.

a b c d e f g h i j k l m n o
p q r s t u v x y z œ w ç

LETTRES RONDES MAJUCULES.

A B C D E F G H I
J K L M N O P Q R
S T U V X Y Z W

Minuscules.

a b c d e f g h i j k l m n o
p q r s t u v x y z œ w

Les lettres doubles

æ   œ   fi   ffi
fl   ffl   ff   w

CHIFFRES ARABES.

1. 2. 3. 4. 5. 6. 7. 8. 9. 0.

CHIFFRES ROMAINS.

I. II. III. IV. V. VI. VII. VIII. IX. X.

PONCTUATION.

Apostrophe (') l'orage.

Trait-d'union (-) porte-feuilles.

Guillemets (« «)

Parenthèses ()

Point et Virgule (;)

Deux Points (:)

Point (.)

Point d'interrogation (?)

Point d'exclamation (!)

Voyelles.

a   e   i   **ou**   y   o   u

Syllabes.

ba	be	bi	bo	bu
ca	ce	ci	co	cu
da	de	di	do	du
fa	fe	fi	fo	fu
ga	ge	gi	go	gu
ha	he	hi	ho	hu
ja	je	ji	jo	ju
ka	ke	ki	ko	ku
la	le	li	lo	lu
ma	me	mi	mo	mu
na	ne	ni	no	nu
pa	pe	pi	po	pu

qua	que	qui	quo	quu
ra	re	ri	ro	ru
sa	se	si	so	su
ta	te	ti	to	tu
va	ve	vi	vo	vu
xa	xe	xi	xo	xu
za	ze	zi	zo	zu

---

ab	eb	ib	ob	ub
ac	ec	ic	oc	uc
ad	ed	id	od	ud
af	ef	if	of	uf
ag	eg	ig	og	ug
ah	eh	ih	oh	uh
ak	ek	ik	ok	uk
al	el	il	ol	ul

am	em	im	om	um
an	en	in	on	un
ap	ep	ip	op	up
aq	eq	iq	oq	uq
ar	er	ir	or	ur
as	es	is	os	us
at	et	it	ot	ut
av	ev	iv	ov	uv
ax	ex	ix	ox	ux
az	ez	iz	oz	uz

---

bla	ble	bli	blo	blu
bra	bre	bri	bro	bru
cha	che	chi	cho	chu
cla	cle	cli	clo	clu
cra	cre	cri	cro	cru

dra   dre   dri   dro   dru
gla   gle   gli   glo   glu
gna   gne   gni   gno   gnu
gra   gre   gri   gro   gru
pha   phe   phi   pho   phu
pla   ple   pli   plo   plu
pra   pre   pri   pro   pru
tla   tle   tli   tlo   tlu
tra   tre   tri   tro   tru

Lettres accentuées.

é   (aigu)
à è ù   (graves)
â ê î ô û (circonflexes)
ë ï ü   (trémas)
ç   (cédille)

Mots d'une seule syllabe n'ayant qu'un son.

Pain.	Doigt.	Vin.
Lait.	Mois.	Blé.
Eau.	Mars.	Main.
Art.	Zinc.	Pied.
Vent.	Nord.	Froid.
Sol.	Pluie.	Chat.
Son.	Mer.	Rat.
Vert.	Pont.	Four.
Noir.	Pré.	Mort.
Blanc.	OEil.	Dent.
Nuit.	Mai.	Jour.
Or.	Juin.	Plomb.
Char.	Tour.	Gris.
Faim.	Chaud.	Roux.

Mots à épeler, composés de deux syllabes ou deux sons.

Pa-pa.	Châ-teau.
Ma-man.	Cou-sin.
Ver-tu.	Cor-beau.
Gâ-teau.	Ca-nif.
Pa-pier.	Cou-teau.
Poi-reau.	Sou-ris.
En-fant.	Or-pin.
Tau-reau.	Or-geat.
Che-val.	Mou-ton.
Cor-don.	Ton-neau.
Dé-mon.	Vio-lon.
Mai-son.	Ci-ment.
Jar-din.	Ni-veau.
Gi-let.	Char-don.

Mots à épeler, composés de trois syllabes ou de trois sons.

Li-ma-çon. Tein-tu-rier.
Hor-lo-ger. Tri-bu-nal.
Cos-tu-mier. E-che-lon.
Li-ber-té. Pa-pil-lon.
His-to-rien. Im-pri-meur.
Ven-dre-di. E-pe-ron.
Pi-é-té. Mir-li-ton.
E-cu-reuil. Mé-dail-lon.
Ri-ve-rain. Me-nui-sier.
Bû-che-ron. Cha-ren-ton.
Bou-lan-ger. Vi-gne-ron.
Sub-mer-gé. Po-ti-ron.
Tri-ni-té. O-ran-ger.
Mer-cre-di. As-sem-blé.

Bri-ga-dier. A-mi-don.
Cha-ri-té. Ni-co-las.
Car-nas-sier. In-dul-gent.
Cru-au-té. Ca-fe-tier.
Char-la-tan. Ce-ri-sier.
Al-pha-bet. Mu-le-tier.
E-ta-pier. Cha-pe-lain.
Cho-co-lat. Ba-bil-lard.
Vé-ri-té. Ba-che-lier.
Dé-lé-gué. Ca-bi-net.
Ca-va-lier. Dé-bi-teur.
Con-si-gner. A-lam-bic.
Con-ti-nent. Sou-ve-nir.
Des-ti-née. Lé-gi-on.
Mo-ri-bond. A-vo-cat.
Sen-ti-ment. Dé-bi-tant.

Mots à épeler, de quatre syllabes
ou quatre sons.

Phi-lo-so-phie.
Eu-cha-ris-tie.
Ma-çon-ne-rie.
E-ga-le-ment.
Or-tho-gra-phie.
Mé-lan-co-lie.
Pu-bli-que-ment.
Pro-chai-ne-ment.
E-lo-quem-ment.
Glou-ton-ne-rie.
Cons-truc-ti-on.
Cor-rec-ti-on.
Per-ti-nem-ment.
Per-fec-ti-on.

*Mots à épeler, de cinq syllabes
ou cinq sons.*

Cor-di-a-li-té.
Ad-mi-ra-ble-ment.
Sou-ve-rai-ne-té.
Cou-ra-geu-se-ment.
Na-tu-rel-le-ment.
Ins-ti-tu-ti-on.
In-dé-ter-mi-né.
Ré-so-lu-ti-on.
Pro-di-ga-li-té.
Clan-des-ti-ne-ment.
Cha-ri-ta-ble-ment.
In-su-bor-don-né.
In-fi-dé-li-té.
In-dis-tinc-te-ment.

Mots de six syllabes, ou six sons.

E-co-no-mi-que-ment.

Per-fec-ti-bi-li-té.

Im-pé-tu-eu-se-ment.

As-so-ci-a-ti-on.

O-pi-ni-â-tre-té.

Ins-tru-men-ta-ti-on.

O-ri-gi-na-li-té.

Ma-thé-ma-ti-que-ment.

A-bo-mi-na-ti-on.

Re-com-man-da-ti-on.

Phi-lo-so-phi-que-ment.

Ma-thé-ma-ti-que-ment.

Per-fec-ti-on-ne-ment.

Im-pé-tu-o-si-té.

Mor-ti-fi-ca-ti-on.

Phrases à épeler, divisées par syllabes.

J'ai-me bien pa-pa.

Je ché-ris ma-man.

Grand-pa-pa me don-ne-ra des i-ma-ges.

Mon frè-re est à la pro-me-na-de.

Ma sœur é-tu-die sa le-çon.

Si je suis bien sa-ge, je se-rai ré-com-pen-sé.

Ma-man est con-ten-te de moi, elle me con-dui-ra chez ma tan-te; nous

i-rons nous pro-me-ner
au Jar-din des Plan-tes.

Mon on-cle m'a a-che-
té un beau jeu de quil-les
et un cerf-vo-lant.

Les en-fans doi-vent
o-bé-ir à leurs pa-rens:
sans ce-la Dieu les pu-
ni-rait. Ils doi-vent aus-si
res-pect à la vieil-les-se.

Il faut a-voir pi-tié des
pau-vres et leur fai-re
l'au-mô-ne lors-que nous
le pou-vons; Dieu nous
en tien-dra comp-te.

Un en-fant ba-bil-lard

et rap-por-teur n'est ai-mé de per-son-ne ; ses ca-ma-ra-des le re-bu-tent et le fuient.

Un en-fant do-ci-le et o-bé-is-sant est ai-mé de tout le mon-de ; il est la joie de ses pa-rens.

Phrases à lire.

Le premier devoir des enfans doit être de re-mercier Dieu de tous ses bienfaits.

Les petits enfans se-ront bénis s'ils sont reconnaissans envers le bon **Dieu. Ils doivent le** prier chaque jour de conserver la santé de leurs parens.

———

Dieu a créé tout ce qui existe sur la terre et dans le ciel; il a fait le soleil qui nous éclaire et qui nous échauffe, ainsi que la lune et les étoiles. Sans le soleil les plantes ne pourraient pousser, et les hommes et les animaux périraient de froid. La lune sert à nous éclairer la nuit; elle est bien moins grande que la terre, tandis que le soleil est infiniment plus gros.

La terre tourne autour du soleil : la lune tourne autour de la terre.

———

Il y a quatre élémens sur notre globe, savoir: l'air, la terre, l'eau et le feu. Sans la terre l'homme ne pourrait manger; sans l'air il ne pourrait respirer; sans l'eau il ne pourrait boire; sans feu il périrait de froid.

L'homme a cinq sens ou cinq manières d'exercer ou de sentir ce qui l'entoure:

Il voit avec les yeux; il entend avec les oreilles; il goûte avec la langue et le palais; il flaire ou respire les odeurs avec le nez; il touche avec tout le corps et surtout avec les mains.

Les oiseaux habitent

la terre et les airs. L'aigle est le roi des oiseaux.

Les poissons habitent les eaux. La baleine est le plus gros des poissons.

Le requin est le plus vorace de tous les poissons de la mer.

—

Le chien aboie.
Le chat miaule.
Le cochon grogne.
L'ours gronde.
Le loup hurle.
Le lion rugit.
Le renard glapit.
Le corbeau coasse.

La grenouille croasse.
Le serpent siffle.
Le cheval hennit.
Le taureau mugit.
Le bœuf beugle.
L'âne brait.
Le mouton bêle.
Le perroquet parle.
Le rossignol chante.

———

La terre produit tout ce qui est nécessaire à la nourriture de l'homme et des animaux.

C'est dans la terre que l'on trouve le fer, l'or, l'argent, le marbre, etc.

Sur la terre il croît toutes sortes d'arbres: les uns ne portent pas de fruits, comme le chêne, l'orme, le peuplier, le sapin, l'érable, etc.; ils servent à faire des planches, des meubles, à bâtir des maisons; les moins gros sont coupés en bûches pour le chauffage.

Les principaux arbres fruitiers sont le poirier, le pommier, le pêcher, l'abricotier, la vigne, le cerisier, le groseiller, l'oranger, le citronnier, le prunier, le noyer, etc.

La terre produit un grand nombre de plantes. Il y en a de potagères, de médicinales et d'agrément.

Les principales plantes potagères sont le chou, la carotte, le pois, la pomme de terre, l'artichaut, le haricot, les raves, le potiron, la laitue, le persil, la ciboule, le céleri, les salsifis, les lentilles, l'oseille, etc.

Les plantes médicinales les plus utiles sont le pavot, la gentiane, la fumeterre, la guimauve, la patience, etc.

Les plantes d'agrément les plus remarquables sont la primevère, l'œillet, la giroflée, le lis, la tubéreuse, le jasmin, l'anémone, la violette, le lilas, la marguerite, l'iris, la tulipe, et surtout la rose, que l'on appelle la *reine des fleurs*.

C'est dans la mer, dans les rivières et dans les étangs que l'on pêche les poissons qui servent à la nourriture de l'homme. On les prend avec des filets ou des hameçons.

L'homme se nourrit aussi de la chair de plusieurs animaux, tels que le bœuf, le veau, le mouton, le porc, etc.

Parmi les oiseaux qui servent à la nourriture de l'homme, sont les oies, les poules, les canards, les dindons, les pigeons, les chapons, etc.

Il y a aussi quelques animaux sauvages dont la chair est bonne à manger, tels que le lièvre, le chevreuil, le faisan, la perdrix, etc.

Dieu a tout disposé sur la terre pour le bien de l'homme; c'est à lui à en profiter par son travail et sa bonne conduite.

A
B
Arabes
Brésilien
Chinois
Dalmate
E
F
Egyptien
Finlandais

ALPHABET

DES PETITS VOYAGEURS

Dans les cinq Parties du Monde.

A   ARABES.

Les Arabes habitent un grand pays d'Asie que l'on nomme Arabie, dont une partie consiste en déserts de sables si arides qu'il se passe quelquefois plusieurs années sans qu'il n'y tombe une goutte de pluie.

Les Arabes du désert demeurent sous des tentes, et sont très-hospitaliers envers l'étranger qui vient leur demander asile.

Les femmes arabes se noircissent les ongles et le dessus des yeux, comme dans tout l'Orient.

Les chevaux arabes sont renommés par leurs excellentes qualités. Quand leur maître tombe, ils s'arrêtent subitement pour le laisser remonter. Ils n'ont d'autre écurie que la tente commune, et se couchent au milieu des enfans sans leur faire aucun mal.

B   BRÉSILIENS.

Les habitans de l'intérieur du Brésil sont sauvages. Ils sont olivâtres, et vont presque nus.

Ils sont très-féroces; ils se font souvent la guerre entre eux et massacrent les Européens.

Leurs armes sont la massue, l'arc et les flèches empoisonnées.

Ils se choisissent pour chefs les plus anciens de chaque tribu. Ils adorent le soleil, sans avoir ni temples ni prêtres.

Ils enterrent leurs morts debout, dans une fosse ronde. Si c'est un chef de famille, on ensevelit avec lui ses plumes, ses colliers et ses armes.

Ces sauvages vivent en général du produit de leur chasse : ils y déploient beaucoup d'adresse et de courage, surtout dans la chasse du jaguar, animal féroce de la famille du tigre, et très-redoutable.

C **CHINOIS.**

Les Chinois ont, en général. le visage large, les pommettes des joues saillantes : tous ont le teint jaune-brun et les cheveux noirs.

Ils ont coutume de se raser la tête, ne laissant qu'une touffe de cheveux au milieu.

La petitesse du pied est une beauté chez les femmes; aussi, dès leur enfance, leur comprime-t-on fortement, avec des ligatures, les doigts des pieds, à l'exception de l'orteil, ce qui fait qu'elles marchent avec beaucoup de difficulté.

Les personnes de distinction

sont dans l'usage de se laisser croître, à une grande longueur, les ongles de la main gauche.

Les nobles et les magistrats, que l'on appelle mandarins, ont une religion différente du peuple. Ces derniers sont Idolâtres. Les temples sont remplis d'idoles d'une forme monstrueuse.

D   DALMATES.

La Dalmatie est une province autrichienne. Les Dalmates sont de beaux hommes. Ils sont habiles marins et bons soldats, mais ils sont rapaces et rusés.

On appelle Morlaques, ceux qui habitent l'intérieur du pays. Ils sont très-hospitaliers.

Ils ont en général l'insouciance et la malpropreté des Hottentots; ils sont exacts à remplir leurs engagemens, mais implacables dans leur vengeance.

Ils ont beaucoup de dispositions pour les arts et le commerce, mais aucune pour l'agriculture.

Quoique Chrétiens, ils sont extrêmement superstitieux; ils ont recours à des amulettes ou talismans pour la guérison des maladies.

E   ÉGYPTIENS.

Les véritables habitans de l'Egypte sont les Cophtes. Il y a aussi dans ce pays beaucoup d'Arabes et de Turcs.

Les Cophtes ont le teint basané. Ils sont en général indolens, mais spirituels et adroits. Ils sont Chrétiens; leur vêtement ordinaire consiste dans une robe à longues manches, fermée par une ceinture.

Les femmes sont tellement enveloppées dans leurs vêtemens, qu'on ne peut leur apercevoir que le nez et les yeux.

C'est en Egypte, à peu de distance du Caire, que l'on voit les Pyramides, l'une des merveilles du monde.

La plus grande des Pyramides a cent cinquante mètres de hauteur sur une largeur de deux cent quarante mètres à sa base.

Elles furent élevées environ

douze cents ans avant la venue de Jésus-Christ. On employa cent mille hommes pendant cent cinquante ans pour les construire.

F   FINLANDAIS.

La Finlande fait partie de la Russie. C'est un pays si froid en hiver, que le vin y gèle.

On n'y voyage, pendant cette saison, qu'en traîneau, sur la neige durcie et la glace qui couvre tout le pays.

Les Finlandais sont bons et hospitaliers ; ils sont gais et aiment la danse.

Ils font fréquemment usage de bains de vapeur durant l'hiver. Au sortir de ces bains, où la

Grec

Hottentots

Indous

Javanais

Kamtschadales

Lapon

chaleur est excessive, ils vont se rouler tout nus dans la neige, sans que ce passage subit du chaud au froid leur fasse de mal.

Ce sont des chasseurs très-habiles. Ils emploient mille ruses pour détruire les ours, très-communs dans la Finlande.

Le moyen le plus ordinairement employé, consiste à placer dans les broussailles, sur le passage de l'ours, un fort lacet ou nœud coulant où il se prend par la tête.

A l'autre bout de la corde ou lacet, est fixée une lourde masse de bois ou de pierre.

L'ours, ennuyé de traîner ce fardeau, monte sur un arbre sans pouvoir s'en débarrasser. Il la saisit alors avec les pattes de devant et la lance avec tant de force et de colère, qu'elle l'entraîne par son poids et qu'il se casse la tête en tombant.

G   **GROENLAND.**

Le Groënland, l'un des pays les plus froids du monde, est situé en Amérique. On n'y voit pas d'arbres; le soleil s'y montre toujours pâle; les jours y durent plusieurs mois, alors la chaleur est très-forte; durant l'hiver, le soleil ne se montre pas du tout, la nuit est continuelle.

Le Groënlandais habite les trous des rochers, se creuse une caverne sous la neige, ou se bâtit une cabane d'ossemens de poissons recouverte en peaux.

L'huile de baleine qu'il brûle dans une grande lampe sert à l'échauffer, à l'éclairer et à cuire ses alimens.

Son occupation principale est la chasse des phoques et des baleines, du renne et du chevreuil blanc.

Il construit avec des peaux de veau marin, les barques dont la charpente légère est en côtes de baleine. Le dessus de la barque est fermé d'une peau qui ne laisse passer que le corps du Groënlandais.

Celui-ci est revêtu d'un habillement fait d'intestins de poissons, bien fermé au cou.

Dans ce canot, le Groënlandais, armé d'instrumens de pêche, ne craint pas la mer la plus furieuse, car l'eau ne peut entrer dans son bateau. S'il se renverse sens dessus dessous, le hardi pêcheur, quoique ayant la tête en bas, se redresse d'un coup d'aviron.

H ̃ HOTTENTOTS.

Ce peuple d'Afrique est divisé en un grand nombre de tribus. Les Hottentots sont errans et pasteurs. Ils changent de demeure suivant la commodité des pâturages. Ils sont paresseux, mais bienveillans et hospitaliers.

Leur vêtement est composé de

peaux de bêtes; ils ont pour armes l'arc et les flèches.

L'usage du beurre mêlé à la suie des chaudrons dont ils s'oignent le corps, leur donne une odeur désagréable : leur malpropreté est extrême.

Ils sont robustes et légers, leur adresse à la chasse est incomparable; les entrailles des animaux sauvages et de leurs bestiaux sont pour eux un mets exquis.

Les Hottentots ont pour demeures des huttes rondes. Un certain nombre de ces huttes composent un village que l'on nomme Kraal, et qui est ordinairement entouré de palissades pour le défendre de l'approche des lions, qui sont très-nombreux dans ce pays.

I INDOUS et ISLANDAIS.

Ce sont les habitans de l'Indostan, grand pays d'Asie : ils sont très-basanés et n'ont pour vêtement que deux pièces d'étoffe dont ils s'entourent le corps.

Les Indous sont très-sobres; la plupart ne mangent rien qui ait eu vie, parce qu'ils croient que les âmes des hommes vont habiter le corps des animaux après la mort.

La population est divisée en un grand nombre de classes que l'on nomme castes, et qui ne s'allient jamais entr'elles.

La première est celle des bramines ou prêtres; la dernière de toutes est celle des parias, qui n'ont pas le droit d'entrer dans les villes.

Les faquirs de l'Indostan sont des espèces de religieux errans, qui se livrent à des pénitences extraordinaires.

Les uns font vœu de tenir toute leur vie les mains élevées vers le ciel : les bras se desséchant, ils perdent la faculté de les abaisser.

D'autres tiennent les mains continuellement fermées, en sorte que les ongles pénètrent et traversent la chair ; d'autres enfin font des pélerinages de plusieurs centaines de lieues en se roulant sur la terre, ou faisant trois pas pour en reculer deux.

ISLANDAIS.

Les Islandais habitent une grande île au nord de l'Europe: c'est un pays très-froid.

Ils sont d'une taille médiocre. L'habillement du commun de la nation est semblable à celui des matelots : le vêtement des femmes est en drap.

Les maisons, en Islande, sont grossièrement bâties et mal éclairées. La fumée s'en échappe par un trou pratiqué dans la toiture.

L'occupation principale des Islandais est la pêche. Dans l'hiver, ou dans les mauvais temps, les hommes soignent les bestiaux, fauchent le foin, filent la laine ou fabriquent des ustensiles de pêche et de ménage.

Ils se nourrissent de farine de lichen et d'orge sauvage, de poisson et de viandes salées et fumées, de coquillages et de champignons.

La libéralité, la bonne foi, et un vif attachement pour leur pays, des manières aisées et affectueuses, caractérisent les Islandais. On ne connaît pas le vol chez eux.

Un Islandais, en s'éveillant, s'empresse d'aller à la porte de la maison, et, levant les yeux au ciel, il adore le souverain Créateur de toutes choses ; ensuite il rentre et salue tous ceux qu'il rencontre, en leur disant : *Que Dieu vous accorde un jour heureux*

J JAVANAIS.

Java est une grande île de l'Asie. Ses habitans sont cruels, perfides et arrogans, mais robustes et courageux.

Ils ont le teint d'un brun jaunâtre, le nez plat et les cheveux noirs. Leur principale arme est le kris, espèce de poignard dont la lame est serpentée et empoisonnée.

Leur nourriture se compose principalement de riz bouilli avec du poisson. L'eau est leur seule boisson.

Les Javanais font beaucoup d'usage de l'opium qui les enivre et les rend quelquefois furieux.

Ils courent alors dans les rues, tenant à la main leur redouta-ble kris, et tuant tout ce qui se trouve devant eux.

Il y a à Java un arbre que l'on appelle Boon-Upas, qui renferme un poison si subtil, qu'on périt si on reste trop long-temps sous son ombre.

Ce sont des criminels condamnés à mort que l'on oblige à aller recueillir ce poison; ils périssent souvent dans cette entreprise.

KAMTSCHADALES.

Les Kamtschadales habitent un pays très-froid, situé à l'extré-mité de l'Asie. Ils sont de petite taille, ont la figure large, le nez aplati et les pommettes saillantes.

Ils sont bons et hospitaliers, mais très-paresseux. Ils vivent des produits de leur chasse et de la pêche.

Ils n'ont pas d'autres animaux domestiques que leurs chiens. Pendant l'hiver, ils les attèlent à leur traîneau au nombre de cinq ou sept, et parcourent de grandes distances avec une vîtesse prodigieuse.

En hiver, ils se creusent des habitations souterraines; en été, ils se construisent des cabanes sur pilotis. On y monte à l'aide d'un tronc d'arbre entaillé.

L'habillement des Kamtscha-dales se compose de peaux de rennes ou de chiens.

L LAPONS.

Les Lapons habitent la partie la plus au nord de l'Europe. Pendant l'été, le soleil reste plusieurs semaines sur l'horizon sans se coucher ; mais en hiver, le froid est si excessif, que le vase gèle sur les lèvres en buvant.

Les Lapons habitent des huttes souterraines pendant l'hiver. Durant l'été, ils demeurent sous des tentes. Ils sont de très-petite taille et fort laids.

Ils sont paresseux, et se livrent à une vie errante : les uns sont pêcheurs et demeurent près des lacs et des rivières.

Les autres élèvent des troupeaux de rennes qui forment toute la richesse du pays.

Le renne, animal qui ressemble un peu au cerf, rend de grands services aux Lapons. Il traîne son maître dans un traîneau; il le nourrit de son lait et de sa chair; sa peau sert à faire des vêtemens d'hiver.

M **MEXICAINS.**

Les Indiens du Mexique ont la peau basanée et cuivrée, le corps trapu, les cheveux noirs et plats. Ils sont adroits et ingénieux, mais tristes et dissimulés.

Ils sont divisés en plusieurs tribus ou nations. Il y en a qui sont à moitié civilisées, d'autres sont sauvages, et font la guerre aux Espagnols du Mexique.

Les chevaux et les bœufs que les premiers Européens ont transportés au Mexique s'y sont tellement multipliés, qu'ils errent par grands troupeaux dans les plaines.

Les Indiens font une chasse continuelle aux bœufs sauvages, et font un commerce considérable de leurs peaux.

N   NUBIENS.

La Nubie est un pays d'Afrique habité par des nègres, les uns Idolâtres, les autres Mahométans.

Ce peuple a des mœurs très-barbares : la guerre et le pillage semblent être ses seules occupations. Quand un roi monte sur le trône, il fait mourir tous ses parens collatéraux.

L'habillement, en Nubie, se réduit à une chemise bleue.

Les maisons sont construites en terre.

La chaleur, dans ce pays, est tellement accablante, que les Nubiens ne peuvent s'en défendre qu'en se faisant jeter plusieurs fois dans la journée des seaux d'eau sur le corps.

Il règne aussi, dans la Nubie, un vent empoisonné que l'on appelle Simoun. Il dessèche et brûle l'intérieur du corps, quand on le respire.

Il y a, dans ce pays, des élé-

Mexicain   Nubien

Otahitiens   Patagons

Quito (Indiens de)   Russes

phans, des lions, des panthères, des hyènes. Les rivières renferment des crocodiles, que les Nubiens attaquent avec beaucoup de courage et dont ils mangent la chair. Ils se nourrissent aussi de la chair d'éléphant.

O OTAHITIENS.

Les Otahitiens sont les habitans d'une île de la mer du Sud. Ils sont forts et bien faits; leur teint est brun.

Ils sont francs, courageux, et pleins de bienveillance et de douceur entr'eux. Ils déploient beaucoup d'adresse et d'industrie dans la construction de leurs maisons et de leurs canots.

Pour tout vêtement, les hommes et les femmes ont une ceinture et une pièce d'étoffe.

Ils ont des danses fort remarquables, où les femmes déploient beaucoup de grâce.

Leur nourriture consiste en fruits et en chair de porc. Il y a dans cette île une espèce de mûrier dont l'écorce sert à faire des étoffes très-jolies et très-souples.

P PATAGONS.

Les Patagons habitent l'extrémité méridionale de l'Amérique. Ils sont d'une haute taille. Ces sauvages sont tellement malpropres que leur peau est couleur de boue ; le tour de leurs yeux et le haut du nez sont peints en noir, en sorte que de loin on croirait qu'ils portent des lunettes. Leurs grands cheveux tombent en désordre sur leurs épaules ; une peau de vigogne forme tout leur costume.

Les hommes et les femmes sont presque toujours à cheval : ils sont excellens écuyers. Leurs huttes sont formées de peaux soutenues par des perches.

Leur nourriture consiste en chair de vigogne. Ils ne mangent ni végétaux ni poisson.

Ils se servent, à la chasse, du lasso. C'est une lanière de cuir à l'extrémité de laquelle sont attachées plusieurs balles de plomb : ils lancent le lasso de manière que, s'embarrassant dans les jambes de l'animal qu'ils poursuivent, il le fait tomber.

A la mort d'un de leurs parens, ils sacrifient un cheval.

***

Q QUITO.

Quito est une ville du Pérou, capitale d'une grande province de la Colombie en Amérique.

Ce pays est habité par des descendans d'Européens et par des Indiens, les uns sauvages, les autres à demi-civilisés.

La chasse aux bœufs sauvages forme l'occupation d'une partie de ces Indiens. Leurs armes sont l'arc et les flèches. Quelques-uns ont des armes à feu.

Avant l'arrivée des Européens au Pérou, les Indiens excellaient dans l'architecture, la sculpture et l'art de travailler les métaux.

Ils adoraient le soleil, lui avaient élevé des temples magnifiques, et habitaient de grandes villes, aujourd'hui détruites.

R RUSSES.

Ils sont divisés en quatre classes : le clergé, les nobles, les personnes libres et les paysans ou serfs.

Les Russes sont adroits, vigoureux, patiens, braves, agiles, et d'une extrême gaîté.

Les serfs appartiennent au seigneur qui est propriétaire de

leur village. Ils n'ont pas le droit de le quitter sans sa permission ; le fruit de leur travail lui appartient, et ils ne peuvent acquérir la liberté qu'en la rachetant à prix d'argent.

Les paysans se nourrissent de mets grossiers. Leurs habitations sont faites avec des troncs d'arbres grossièrement équarris et superposés les uns sur les autres.

Ils couchent ordinairement sur des bancs, et l'hiver sur une espèce de four en briques, très-grand et plat par-dessus.

S   SAMOYÈDES.

Les Samoyèdes, peuple du nord de l'Asie, sont d'une taille

courte et ramassée ; ils ont le visage large et aplati, les cheveux noirs et le teint jaunâtre.

Ce peuple est errant dans de vastes déserts glacés. Il habite des tentes pyramidales composées de morceaux d'écorces d'arbres cousues ensemble et recouvertes de peaux de rennes.

La chasse en hiver, et la pêche en été, fournissent à leur nourriture; le pays ne produit aucune espèce de grain ni de fruits, mais seulement une sorte de mousse dont le renne se nourrit.

Ils se construisent des canots légers avec lesquels ils vont harponner le veau marin. La peau de cet animal amphibie leur sert à recouvrir leurs canots.

T TURCS.

Les Turcs sont de beaux hommes : ils portent la barbe longue et la tête rasée, ne laissant au milieu qu'une touffe de cheveux par où l'Ange doit, disent-ils, les enlever au ciel après leur mort.

Les repas turcs sont très-différens des nôtres. Ils ne s'asseyent point sur des chaises autour d'une table, mais ils s'accroupissent autour d'un tapis de cuir sur lequel sont posés les plats : ils ne se servent pas de fourchette, et prennent les mets avec leurs doigts.

Samoyèdes

Turcs au Bain

Usbecs

Vénitien

Xaraye

Yolofs

Zélandais (Nouveau

U USBECS.

C'est une nation d'Asie qui habite la Tartarie. Les Usbecs sont adonnés au vol et au pillage : ils attaquent les voyageurs isolés, et même les caravanes.

Ils portent le turban comme les Turcs, et sont Mahométans. Leurs armes sont le sabre et le fusil. Ils élèvent un grand nombre de chevaux et de chameaux. Ils aiment beaucoup la chair de cheval, le lait de jument, et toutes les liqueurs fortes.

Les femmes s'occupent à filer le poil des chameaux, et elles en font une étoffe grossière servant à couvrir les tentes qui forment les habitations des Usbecs

V   VÉNITIENS.

Venise est une grande ville d'Italie sur la mer. Elle est bâtie sur pilotis, sur cent trente-huit petites îles.

Ces îles forment plus de quatre cents canaux de toute largeur. Elles sont réunies par un grand nombre de ponts.

On ne voit pas de voiture à Venise, il est même rare d'y apercevoir un cheval. C'est une des villes les moins bruyantes du monde.

On ne se sert que de petits bateaux très-propres, qu'on appelle gondoles, et qui peuvent aller dans tous les quartiers de la ville.

Le carnaval de Venise était autrefois célèbre. Cette ville est bien déchue.

X   XARAYES.

C'est le nom d'une nation sauvage du Paraguay en Amérique.

Les Xarayes sont grands et bien faits, leurs cheveux sont noirs et lisses.

Ils ont pour armes l'arc, les flèches et la javeline. Quelques-uns ont des fusils.

Leurs habitations sont élevées à six ou huit pieds de terre, sur des poteaux, pour les garantir des inondations que cause la crue des fleuves.

La chasse est leur unique ressource : ils ne craignent pas d'attaquer corps à corps le jaguar, animal très-féroce.

Y YOLOFS.

Les Nègres Yolofs habitent le Sénégal en Afrique. Ils sont bien faits ; ils ont de la gaîté, un esprit vif et pénétrant ; mais leur paresse est extrême. Quand ils ont du riz et du millet, et, par dessus cela, de l'eau-de-vie, ils n'ont plus rien à désirer.

Ils sont idolâtres, et tellement superstitieux qu'ils consultent, pour connaître l'avenir, le vol des oiseaux et la rencontre des animaux.

Les pères vendent leurs filles

à ceux qui les demandent en mariage.

A la mort du mari, toutes les femmes jettent des cris affreux pendant vingt-quatre heures, et s'égratignent le visage. La cérémonie se termine par un repas et par des danses.

Lorsque le roi meurt, on met à mort les femmes qui étaient le plus aimées ; les esclaves qu'on croit le plus nécessaires à son service, et on les enterre non loin de la sépulture du roi.

Les cases de ces nègres ont la forme d'une ruche : il n'y a point de fenêtres. Tout le mobilier consiste en quelques pots de terre, des calebasses et un mauvais coffre.

Les Yolofs se font souvent la guerre entr'eux, et les prisonniers sont vendus comme esclaves.

Z   ZÉLANDAIS. (Nouveaux)

On appelle Nouvelle-Zélande deux îles du grand Océan austral. Ses habitans sont grands, bien faits, et leurs traits ressemblent à ceux des Européens.

Ils ont l'habitude de se tatouer le visage en y traçant, avec un instrument piquant, des dessins très-compliqués : ils peignent, en outre, leur visage de diverses couleurs.

Ce sont des hommes féroces et vindicatifs.

Ils ont, plus d'une fois, surpris et massacré des navigateurs européens qui sont descendus dans leurs îles, et les ont fait servir à leurs affreux repas.

Leurs armes sont la lance, la javeline et une espèce de massue. Leur vêtement ordinaire est un manteau de lin ou de jonc grossièrement fabriqué et attaché sur leurs épaules.

Ils sont extrêmement industrieux, et leurs pirogues, ou barques, sont admirablement sculptées.

Ils montrent le plus grand respect pour les morts et ils les embaument avec beaucoup d'art.

FIN.

TABLE
DE MULTIPLICATION.

2 fois	2 font	4	5 fois	5 font	25	9 fois	9 font	81
2	3	6	5	6	30	9	10	90
2	4	8	5	7	35	9	11	99
2	5	10	5	8	40	9	12	108
2	6	12	5	9	45	9	13	117
2	7	14	5	10	50	9	14	126
2	8	16	5	11	55	9	15	135
2	9	18	5	12	60			
2	10	20	5	13	65	10 fois	10 font	100
2	11	22	5	14	70	10	11	110
2	12	24	5	15	75	10	12	120
2	13	26				10	13	130
2	14	28	6 fois	6 font	36	10	14	140
2	15	30	6	7	42	10	15	150
			6	8	48			
3 fois	3 font	9	6	9	54	11 fois	11 font	121
3	4	12	6	10	60	11	12	132
3	5	15	6	11	66	11	13	143
3	6	18	6	12	72	11	14	154
3	7	21	6	13	78	11	15	165
3	8	24	6	14	84			
3	9	27	6	15	90	12 fois	12 font	144
3	10	30				12	13	156
3	11	33	7 fois	7 font	49	12	14	168
3	12	36	7	8	56	12	15	180
3	13	39	7	9	63			
3	14	42	7	10	70	13 fois	13 font	169
3	15	45	7	11	77	13	14	182
			7	12	84	13	15	195
4 fois	4 font	16	7	13	91			
4	5	20	7	14	98	14 fois	14 font	196
4	6	24	7	15	105	14	15	210
4	7	28						
4	8	32	8 fois	8 font	64	15 fois	15 font	225
4	9	36	8	9	72	15	16	240
4	10	40	8	10	80	15	17	255
4	11	44	8	11	88	15	18	270
4	12	48	8	12	96	15	19	285
4	13	52	8	13	104	15	20	300
4	14	56	8	14	112			
4	15	60	8	15	120			

Imprimerie de J. MORONVAL, rue Galande, 65.